Ein Geschenk für

---

von

Datum

DIE GRÖSSTE GESCHICHTE

DIE GRÖSSTE GESCHICHTE

WIE DER SCHLANGENZERTRETER UNS IN DEN GARTEN EDEN ZURÜCKBRINGT

KEVIN DEYOUNG

ILLUSTRIERT VON
DON CLARK

VERBUM MEDIEN

Die Deutsche Nationalbibliothek verzeichnet diese Publikation in der Deutschen Nationalbibliographie; detaillierte bibliographische Daten sind im Internet über dnb.de abrufbar.

Titel des englischen Originals:
The Biggest Story

Published by Crossway
a publishing ministry of Good News Publishers
Wheaton, Illinois 60187, U.S.A.
This edition published by arrangement
with Crossway.

verbum-medien.de
info@verbum-medien.de

Übersetzung: Janina Janzen
Lektorat: Anna Tissen
Satz und Gestaltung: Samuel Hinterholzer
Druck und Bindung: Finidr

1. Auflage 2023
Best.-Nr. 8652 063
ISBN 978-3-98665-063-6
E-Book 978-3-98665-064-3

Solltest du Fehler in diesem Buch entdecken, würden wir uns über einen kurzen Hinweis an fehler@verbum-medien.de freuen.

Für Ian, Jacob, Elizabeth, Paul, Mark und Benjamin
Ich liebe euch mehr, als ihr es euch vorstellen könnt.

KEVIN DEYOUNG

Für Ella, Cash und Flora
Ihr seid meine drei größten Inspirationsquellen.

DON CLARK

INHALT

Hinweise

Die Bibel ist eine große Geschichte, die aus vielen kurzen Geschichten besteht. Jede Menge Kinder (und nicht wenige Erwachsene) lernen die Bibel nur als Sammlung dieser vielen kleinen Geschichten kennen. Hier die Geschichte von Abraham, dort die Geschichte von Daniel. Und irgendwo dazwischen die bekannten Geschichten von Weihnachten und Ostern. Unsere Kinder können mit all diesen Geschichten vertraut sein, ohne je die »große Geschichte« zu verstehen, die all den kleinen erst ihren Sinn verleiht.

Dieses Buch nahm seinen Anfang in einer Weihnachtspredigt für meine Gemeinde. Ich wollte die bekannte Adventsgeschichte auf eine frische Art und Weise erzählen und dabei dem Bibeltext treu bleiben. Die Botschaft sollte wie ein Kinderbuch vermittelt werden, das man am Weihnachtsmorgen gemütlich am Kaminfeuer vorliest. Leider hatte ich an jenem Morgen kein Kaminfeuer am Rednerpult und auch keine Kinder zu meinen Füßen versammelt. Aber ich hatte die Hoffnung, die Geschichte eines Tages über die Weihnachtsbotschaft hinaus erzählen zu können und einen begabten Illustrator zu finden, der der herrlichen Botschaft des Evangeliums den passenden Rahmen geben würde.

Einige der Metaphern in diesem Buch könnten für Kinder ungewohnt sein. Selbst Eltern und Lehrer müssen sich vielleicht ein wenig anstrengen, um die Anspielungen zu verstehen. Der größte Teil des Buches ist eine geradlinige – und hoffentlich spielerische und elegante – Nacherzählung der bekannten, biblischen Geschichten von Adam und Eva, Abraham, Mose, David und natürlich Jesus. Aber im Hintergrund sind ein paar große Themen versteckt, die man nicht übersehen sollte.

Erstens habe ich versucht zu betonen, dass Jesus nicht nur der Erlöser für unsere Sünden ist, sondern auch die Erfüllung einer langen Reihe von Prophezeiungen, Mustern und Vorhersagen. Zum Beispiel erwähne ich in Kapitel 8, dass Jesus die drei aus dem alten Israel bekannten Rollen verkörpert: König, Priester und Prophet. Ich beziehe mich auch auf Jesus als die Erfüllung der Gottesdienstes des Volkes Israel. Er ist ein neues Gesetz, ein neuer Tempel und ein neues und endgültiges Opfer für sein Volk. Vor allem aber spreche ich im ganzen Buch von Jesus als dem neuen Adam. Das ist ein wichtiges Bild des Neuen Testaments (vgl. Röm 5,12; 1 Kor 15,45). Jeder Mensch gehört entweder zum ersten oder zweiten Adam. Was Adam aufgrund seiner Sünde im Garten Eden nicht vollbringen konnte, erfüllte Jesus durch sein fehlerloses Leben und seinen Opfertod.

Zweitens wird deutlich, dass das Thema des »Gartens« eine große Rolle spielt. Es ist kein Zufall, dass die biblische Geschichte in einem Garten beginnt (vgl. 1 Mose 1) und in einem Garten endet (vgl. Offb 22). *Die größte Geschichte* erzählt von Rebellen, die aus ihrem Zuhause verbannt werden und sich nichts mehr wünschen, als zurückzukehren. Die Bibel gibt eine Antwort auf die grundlegende Frage, wie ein heiliger Gott unter sündigen Menschen wohnen kann. Gott vertrieb Adam und Eva aus dem Garten, weil seine Augen zu rein waren und er die Sünde und Verdorbenheit der Menschen nicht ansehen konnte. Aus demselben Grund schickte er zur Zeit Noahs die Sintflut und verbannte Israel aus dem Land Kanaan. Und aus demselben Grund sandte er seinen Sohn, am Kreuz zu sterben. Wir brauchen Erlösung. Wir brauchen Vergebung. Wir brauchen den versprochenen Retter, der uns in das versprochene Land bringt.

Ich bete darum, dass dieses Buch für den ein oder anderen Leser ein geschätztes »Familienmitglied« wird – ein Buch, das man mit seinen Kindern oder Schülern immer und immer wieder zur Hand nimmt. Nicht weil die Bilder so eindrucksvoll sind (obwohl sie das wirklich sind!) oder weil die Geschichte, die ich geschrieben habe, so besonders ist, sondern weil die große Geschichte der Bibel – die Geschichte unseres Königs, der die Schlange zertritt, und unseres Befreiers, der zum Tod bestimmt war, – die beste Geschichte ist, die je erzählt worden ist.

VOR LANGER, LANGER ZEIT lebten auf unserer Erde ein Mann und eine Frau. Sie waren die glücklichsten Menschen auf der ganzen Welt. Okay, sie waren auch die *einzigen* Menschen auf der Welt, aber trotzdem waren sie unfassbar glücklich.

Sie hießen Adam und Eva. Gott schuf sie nach seinem Ebenbild, damit man an ihnen, wie in kleinen Spiegeln, Gottes Herrlichkeit sehen konnte. Und wie alles andere, was er schuf, machte er sie sehr gut.

Es war eine wunderbare Zeit, um als Gottes Kinder in Gottes wunderbarer Welt zu leben.

Leider blieb es nicht lange so glücklich und wunderbar.

Eines schrecklichen Tages aß Adam eine Frucht von dem einzigen Baum, von dem Gott ihnen verboten hatte zu essen. Adam hatte versagt. Es war ein furchtbarer Tag, der zweitschlimmste Tag in der Weltgeschichte.

Eine Schlange hatte Adam und Eva getäuscht und ihnen Lügen über die Frucht erzählt. Sie hatte gesagt, die beiden würden wie Gott sein, wenn sie davon äßen. Aber das Gegenteil passierte. Nachdem sie die Frucht gegessen hatten, waren sie weit von Gott entfernt.

Sie hatten Gottes Wort nicht gehorcht und den Lügen der teuflischen Schlange mehr geglaubt als der Wahrheit. Von da an würde es nicht mehr einfach sein, Gott nah zu sein.

Gott war nicht zufrieden mit Adam und Eva. Und auch mit der Schlange war er nicht zufrieden. Gott verfluchte den Mann und die Frau und die Schlange und alles andere mit ihnen.

Er verbannte Adam und Eva aus dem paradiesischen Garten, den er für sie gemacht hatte. Menschen, die so böse waren, konnten nicht mit einem so guten Gott zusammenleben.

Sie mussten den Garten verlassen.

Aber bevor sie gingen, gab Gott ihnen ein Versprechen. Er versprach, dass die böse Schlange, der Teufel, für immer Krieg gegen Eva und ihre Kinder führen würde.

Moment mal – ist das ein besonders gutes Versprechen? Dass die Guten und die Bösen sich immer nur bekriegen werden? Wer will schon in einem endlosen Kampf gefangen sein?

Doch hier kommt der gute Teil des Versprechens: Gott versprach, dass eines Tages, früher oder später, zu guter Letzt eines von Evas Kindern den Kopf der bösen Schlange zertreten würde.

Niemand wusste, wann oder wie, aber sie würde ein Kind bekommen, das alles wieder in Ordnung bringen würde.

LEIDER WURDE ZUERST ALLES VIEL SCHLIMMER, bevor es besser werden konnte.

Adam und Eva bekamen mehrere Kinder, darunter zwei Brüder namens Kain und Abel. Abel vertraute Gott, Kain aber nicht. Und als Gott Abels Geschenk annahm und Kains nicht, da wurde Kain sehr wütend – so wütend, so verletzt und so neidisch, dass er seinen Bruder tötete.

Das war der erste Mord in der Geschichte der Menschheit, aber es sollte nicht der letzte bleiben.

Nichts war mehr so, wie es sein sollte. Als die Sünde in die Welt kam, brach alles auseinander.

Innerhalb von kürzester Zeit wurde es so schlimm, dass Gott beschloss, ganz von vorne anzufangen. Die Menschen auf der Erde waren im Herzen schrecklich böse – immer, jeden Tag, ohne Ende.

Und so nahm Gott sie ihnen weg.

Oder, um es genauer zu sagen: Er nahm sie aus der Welt.

Er schickte eine Flut, die alles und jeden wegschwemmte, weil die Sünde alles verdorben hatte.

Zumindest fast alles. Gott rettete eine Familie auf der Erde – eine Familie, die ihm vertraute und seinen Worten glaubte.

Noah und seine Frau, seine Söhne und deren Frauen wurden verschont. Sie lebten viele Tage lang zusammen mit vielen Tieren auf einem großen Boot, das Arche hieß. Es regnete und regnete.

Gott wollte einen neuen Anfang für seine Schöpfung. Er war zornig auf die Welt, die ihn hasste, und trotzdem hörte er nicht auf, die Welt zu retten, die er liebte. Deshalb verschonte er Noah und seine Familie.

Gott wollte den Menschen noch eine Chance geben. Er würde es noch einmal mit einer neuen Welt versuchen, und Noah würde eine Art neuer Adam sein.

Doch genau hier lag das Problem: Noah war dem ersten Adam *zu* ähnlich. Nicht lange nachdem sie das Boot verlassen hatten, tat er einige schlimme Dinge.

Sein Vertrauen reichte für den Bau der Arche, obwohl alle ihn auslachten, aber schon bald stellte sich heraus, dass er genauso verdorben war wie alle anderen. Ja, sogar einer seiner Söhne wurde verflucht, so wie alles im Garten verflucht worden war.

Die Geschichte wiederholte sich. Ob Adam oder Noah, die erste Welt ganz am Anfang oder die zweite nach der Flut, die Menschen hatten das Leben einfach nicht im Griff.

Einmal beschlossen ziemlich viele Leute, gemeinsam einen riesigen Turm zu bauen. Sie dachten, sie könnten ihn bis zum Himmel bauen. Sehr hoch konnte er allerdings nicht gewesen sein, denn Gott musste extra herunterkommen, um ihn sich ansehen zu können.

Als Gott den Turm sah, war er nicht zufrieden. Zwar arbeiteten alle zusammen (was in Ordnung war), aber sie arbeiteten nicht für Gott (und das war nicht in Ordnung). Sie versuchten nur zu zeigen, wie schlau und beeindruckend sie selbst waren. Sie dachten, dass sie Gott nicht mehr brauchten. Also brachte Gott ihre Sprachen durcheinander und zerstreute die Menschen in alle vier Himmelsrichtungen.

Es lief immer noch nicht gut in der Welt, die Gott geschaffen hatte. Aber glücklicherweise war Gott noch nicht fertig damit, die Menschen zu retten.

ICHT ALLZU LANGE NACH der ganzen Turm-Sache sagte Gott zu einem Mann namens Abraham, dass er sein Zuhause verlassen und in ein neues Land ziehen soll (Zu dem Zeitpunkt war sein Name eigentlich noch Abram, aber jeder kennt ihn nur als Abraham).

Als Gott Abraham berief, machte er ihm viele große Versprechen.

Er versprach, Abraham zu segnen und auch jeden anderen, der Abraham segnete.

Er versprach, jeden zu verfluchen, der Abraham verfluchte. Er versprach Abraham ein Land und ein Kind.

Gott versprach Abraham, dass er der Vater eines großen Volkes sein würde und dass alle Völker durch ihn gesegnet werden würden.

Alles in allem versprach Gott Abraham genau den Segen, den er Adam und Eva hatte geben wollen. Und das Beste von allem? Dieses Mal würde Gott alles selbst tun, um sicherzustellen, dass Abraham seinen Segen auch bekam.

Vielleicht denkst du, dass Gott Abraham segnen wollte, weil er so ein großartiger Typ war. Aber Abraham kannte Gott überhaupt nicht, als dieser ihn berief. Und selbst danach und trotz der vielen Versprechen konnte Abraham auch später noch ein Lügner und Angsthase sein.

Abrahams Leben war ein Auf und Ab. Aber es gab zwei Dinge, die für ihn sprachen – und wie sich herausstellte, waren es genau diese zwei Dinge, die am Ende zählten: Gottes Versprechen, ihn zu segnen, und Abrahams Vertrauen auf Gottes Versprechen.

Das war alles, was Abraham hatte. Und das war genug, denn mehr brauchte er nicht.

Manchmal sah es so aus, als würde Gott seine Versprechen an Abraham nicht einhalten. Zum Beispiel dauerte es fast hundert Jahre, bis Abraham und seine Frau Sarah (die früher Sarai hieß) ein Baby namens Isaak bekamen (der glücklicherweise seinen Namen behielt).

Und als das Baby zu einem Jungen herangewachsen war, befahl Gott Abraham, ihn zu töten. Aus Abrahams Sicht war das nicht unbedingt der beste Weg, um ein großes Volk zu werden, aber er hörte trotzdem auf Gott. Und in letzter Minute gab Gott ihm einen Widder, den er im Austausch für seinen geliebten Sohn opfern konnte.

Auf diese Weise sagte Gott zu Abraham:
»Ich kümmere mich um die Rettung. Vertraue mir einfach.«

Mit der Zeit wuchs Isaak heran, heiratete und bekam eigene Kinder – Zwillinge um genau zu sein – Esau und Jakob.

Gott wählte Jakob, um ihn zu segnen, obwohl er der jüngere Bruder war, der den Segen normalerweise nicht bekam. Aber Gott ist Gott, also darf er das entscheiden.

Jakob hatte zwölf Söhne, und in diesem Fall war es der vierte Sohn, Juda, der den besten Segen bekam. Jakob sagte zu Juda, dass aus seiner Familie ein Anführer wie ein Löwe kommen würde.

Großartige Segnungen. Aber nicht ganz so großartigen Menschen.

Isaak war irgendwie ein Schwächling.

Jakob war ein egoistischer Betrüger.

Und Juda tat so dumme Dinge, dass wir erst gar nicht darüber sprechen wollen.

Und trotzdem hielt Gott seine Versprechen immer und immer wieder. Er segnete sie alle, obwohl sie versagten.

Vielleicht würde der Schlangenzertreter doch noch aus den knorrigen Ästen des Abraham-Isaak-Jakob-Stammbaumes hervorgehen.

SCHON MEHRERE JAHRHUNDERTE waren seit Gottes Versprechen an Abraham vergangen und es sah ganz danach aus, als sei alles aus dem Ruder gelaufen.

Als Gott Abraham aufforderte, sein Zuhause zu verlassen, versprach er ihm ein neues Land in Kanaan. Es sollte ein großartiges Land sein. Es sollte Gottes Volk an den Garten erinnern, der ihnen vor langer Zeit gehört hatte. Das Land sollte süß und erfrischend sein, mit Milch und Honig im Überfluss.

Aber Abraham und seinen Söhnen hat das versprochene Land niemals wirklich gehört. Und nun, vierhundert Jahre später, waren sie Sklaven in Ägypten.

Wie Abrahams Familie nach Ägypten kam, ist eine lange Geschichte, aber ich fasse sie für dich zusammen:

Jakobs Söhne zogen nach Ägypten, weil in ihrer Heimat Kanaan eine Hungersnot herrschte, wo sie ihren verloren geglaubten Bruder Josef trafen, der ihnen half, Essen und ein neues Zuhause zu finden, obwohl er nur deshalb in Ägypten war, weil seine zehn älteren Brüder ihn aus Neid in die Sklaverei nach Ägypten verkauft hatten, nachdem sie ihn wegen seines schicken bunten Mantels fast umgebracht hatten

(Ich habe dir ja gesagt, dass es eine lange Geschichte ist).

Nun ja, die Rettung vor der Hungersnot war so eine Sache. Damals war Israels Familie noch ziemlich klein (Israel war übrigens Jakobs neuer Name. Scheinbar brauchte damals einfach jeder zwei Namen). Ein paar hundert Jahre später war die Familie aber riesig groß.

Wie würde Gott ein paar Millionen Menschen aus der Sklaverei befreien?

Es ist ja nicht so, dass er den Nil einfach in Blut verwandeln und Frösche und Stechmücken und Fliegen und Krankheiten und Geschwüre und Hagel und Heuschrecken und Finsternis und Tod schicken würde, bis der König von Ägypten sie alle gehen ließe!

Naja, tatsächlich tat er genau das.

Gott erwählte Mose, um sein Volk zu befreien – aber eigentlich tat Gott die ganze Arbeit.

Er schickte die Plagen.

Er führte sein Volk mit einer Feuer- und einer Wolkensäule.

Er legte das Meer trocken, sodass die Israeliten hindurchziehen konnten. Und er ließ das Wasser zurückkommen, als die Ägypter ihnen nachjagen wollten.

Was auch immer die Israeliten taten oder andere ihnen antaten, Gott fand immer einen Weg, um sein Volk zu retten.

S WAR ECHT GUT, dass Gott sein Volk immer wieder rettete. Denn egal wie oft Gott ihnen half, die Israeliten waren nie wirklich sicher vor sich selbst.

Du musst wissen, dass Gott seinem Volk nach der Befreiung aus Ägypten viele Gebote gab. Diese waren keine Strafe, sondern sollten ihnen als Hilfe und zum Schutz dienen.

Es waren gute Gebote. Und wenn das Volk die Gebote hielt, würde es gesegnet werden. Es würde alles haben – Essen und Nachkommen und ein langes Leben und Sicherheit und ein neues Zuhause.

Es würde wieder sein wie im Paradies, denn dorthin wollte Gott sie die ganze Zeit wieder zurückbringen: in den Garten.

Aber wenn das Volk nicht gehorchte, würde es verflucht werden, genau wie damals Adam und Eva und die Schlange.

Du hast es sicher schon geahnt: Die Menschen waren nicht besonders gut darin, Gottes Geboten zu gehorchen. Und nachdem Mose und sein Helfer Josua schließlich gestorben waren, wurde es noch schlimmer.

Die wichtigsten Gebote ließen sie ganz außer Acht, und wenn sie sich mit einigen Geboten Mühe gaben – zum Beispiel den Opfergesetzen – dann kam das nicht von Herzen. Sie hakten ihre Listen schnell ab und vergaßen darüber die wichtigeren Gebote.

Obwohl das Volk es nicht verdiente, gab Gott ihm schließlich das versprochene Land.

Gott tat alles, um sein Volk ins Land zu bringen; aber leider tat sein Volk nicht alles, um alle anderen Völker herauszubekommen.

Und das brockte den Israeliten viele Schwierigkeiten ein ...

Sie mussten ständig gegen ihre Feinde kämpfen. Und was noch schlimmer war: Sie mussten ständig gegen die Versuchung kämpfen, selbst so zu werden wie ihre Feinde.

Manchmal lief es gut für die Israeliten – wenn sie einen guten Anführer hatten und gehorsam waren – aber meistens lief es ziemlich schlecht.

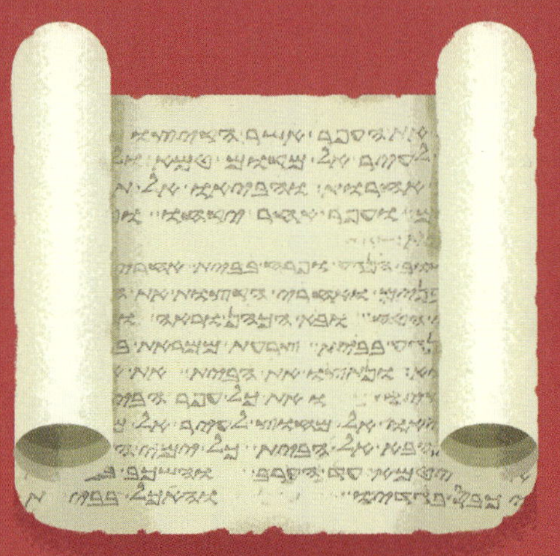

OTTES VOLK HATTE GROSSE SCHWIERIGKEITEN, sich nicht an die Menschen in seiner Umgebung anzupassen. Das galt besonders, wenn es darum ging, einen König zu haben.

Gott wies das Volk darauf hin, wie schlecht Könige sein können, aber es half nichts: Die Israeliten wollten unbedingt einen haben. Also gab Gott ihnen schließlich einen König (Sei vorsichtig mit dem, was du dir wünschst – vielleicht bekommst du es).

Der erste König hieß Saul. Er war beeindruckend,
was seine Körpergröße betraf, und ziemlich enttäuschend in jeder anderen Hinsicht.

Der zweite König, der junge David aus Bethlehem, war jedenfalls um einiges besser. Bevor wir zu *dem* König kommen, gibt es tatsächlich fast keinen wichtigeren König als David.

Wenn David nicht gerade damit beschäftigt war, zu sündigen (was immer wieder auch im großen Stil vorkam), war er ein guter, weiser und barmherziger König. Gottes Volk erlebte viel Gutes, als David an der Macht war. Es siegte in Schlachten, wurde reich und gesegnet.

Aber das Beste war Gottes Versprechen für die Zukunft. Gott sagte David, dass immer einer seiner Nachkommen auf dem Thron sitzen würde. Er sicherte David ein ewiges Königreich zu.

Das war eine gute Nachricht für David und eine noch bessere Nachricht für Gottes Volk. Es bedeutete, dass Gott seine Zusage von damals im Garten nicht vergessen hatte. Ein Erlöser war unterwegs. Und jetzt wusste jeder, der Ohren hatte, dass dieser ein Nachkomme Davids sein würde.

Es war allerdings nicht der nächste Sohn Davids, der die Erwartungen erfüllte. Salomo legte einen guten Start hin, stolperte dann aber auf spektakuläre Art und Weise.

Nach Salomo wurde das Königreich in zwei Teile geteilt, Israel im Norden und Juda im Süden. Keines der beiden Königreiche war wirklich gut.

Zuerst strafte Gott Israel, dann Juda.

Im Verlauf von vierhundert Jahren wurde Gottes Volk vom Überflieger zum Verlierer. Es wurde aus dem gelobten Land vertrieben wie Adam und Eva aus ihrem Paradies. Und das Schlimmste war, dass es das Königshaus und den Thron Davids nicht mehr gab.

Die Zukunft sah düster aus, und Gottes Versprechen versanken nahezu in der Bedeutungslosigkeit.

B DU ES GLAUBST ODER NICHT, aber Gottes Versprechen waren nicht einfach verschwunden.

Im Gegenteil, Gott machte immer wieder neue Versprechen.

Gott versprach, dass der Schlangenzertreter – Abrahams Kind, Judas Löwe, Davids Sohn – aus Bethlehem kommen würde.

Gott versprach, dass er von einer Jungfrau geboren werden würde.

Gott versprach einen Boten, um den Weg vorzubereiten.

Gott versprach, dass der Befreier sterben und auferstehen und ein Licht für die anderen Völker sein würde.

Gott versprach viele großartige Dinge.

Doch das Volk Israel bekam das alles gar nicht mit, weil es zu sehr damit beschäftigt war, Gottes Gebote zu missachten und seine Warnungen zu ignorieren.

Gott sandte Propheten, die Wunder taten (wie Elia und Elisa), Propheten, die das Volk tadelten (wie Amos und Maleachi), traurige Propheten (wie Jeremia) und Propheten mit einer guten Nachricht (wie Jesaja).

Aber egal, wen oder wie viele Boten Gott schickte, das Volk hörte nicht zu. Jedenfalls nie für eine lange Zeit.

Und eines Tages passierte es dann: Gott schickte keine Propheten mehr.

Keine Warnungen mehr. Keine Anweisungen. Kein einziges Wort vom Herrn. Nur Schweigen – vierhundert Jahre lang.

Gott hatte Propheten, Priester und Könige geschickt. Er begann mit Adam und machte einen Neuanfang mit Noah. Er erwählte Abraham, Isaak und Jakob. Er gab Mose die Gebote. Er schickte Richter zum Volk Israel. Er berief Befreier. Er besiegte Feinde. Er sorgte für die Opfergaben. Er lebte in einem Zelt und in einem Tempel mitten unter seinem Volk.

Gott gab ihnen jede Möglichkeit und zehntausend Chancen, und trotzdem schienen die Sünde und die Schlange zu gewinnen.

Bis sie – ganz plötzlich – verloren.

uch in den kommenden Jahren ging es immer wieder AUF UND AB (na ja, meistens eher ab), bis wir zu einer Futterkrippe in der kleinen Stadt Bethlehem kommen.

Hier treffen wir den neuen Adam, Abrahams Kind, Davids Sohn. Hier, bei den schmutzigen Hirten und den singenden Engeln, sehen wir den wahren Befreier, den wahren Richter und den wahren Eroberer.

Damals verstand es niemand so ganz, aber in dem Augenblick, als Maria jenes Baby zur Welt brachte, brachte Gott den lang ersehnten Propheten, Priester und König auf die Welt.

Gott gab seinem Volk ein neues Gesetz, einen neuen Tempel und ein neues Opfer. Und vor allem: Er gab ihnen einen neuen Anfang. So, wie er es versprochen hatte.

Natürlich waren ein paar Dinge anders, als die Leute erwartet hatten. Der Stall mit den Tieren und der Skandal um die unverheiratete Maria sorgten für Verwunderung.

Die Wunder waren außergewöhnlich.

Die Lehre war anders als alles, was man bisher gehört hatte.

Die wild zusammengewürfelte Gruppe der Jünger –
äußerst seltsam.

Aber die größte Überraschung war, dass Gottes Auserwählter von Gott zum Tod vorherbestimmt war.

Es schien einfach nicht richtig, dass der Eine, der doch dazu bestimmt war, die Schlange zu zertreten, selbst zertreten werden sollte. Und als Jesus, der Christus, der Sohn des lebendigen Gottes, an jenem Freitagnachmittag am Kreuz starb, schien das ein unglaublich schreckliches Übel zu sein.

Und das war es auch. Das Schlimmste, was je auf dieser Welt geschehen ist.

Aber es war auch das Beste, was je auf dieser Welt passiert ist. Genau so, wie wir es von Gott erwartet hätten. Und ganz nach Gottes Plan.

Wir brechen unsere Versprechen, also hält er seine.

Wir laufen vor Gott davon, also kommt er zu uns.

Wir leiden unter der Sünde, also leidet der Retter für uns.

Unsere Geschichte ist Gottes Geschichte, in der er tut, was wir nicht tun können, um die Dinge in Ordnung zu bringen, die wir nicht hätten tun sollen. Der Christus leidet für unsere Sünden, damit wir Anteil an seiner Sündlosigkeit haben können.

Und so werden Erlöser geboren, um zu sterben. Alles zerbricht, um wieder zusammengesetzt zu werden. Gott vertreibt sein eigenes Volk aus dem Paradies und tut dann alles, um es wieder zurückzubringen.

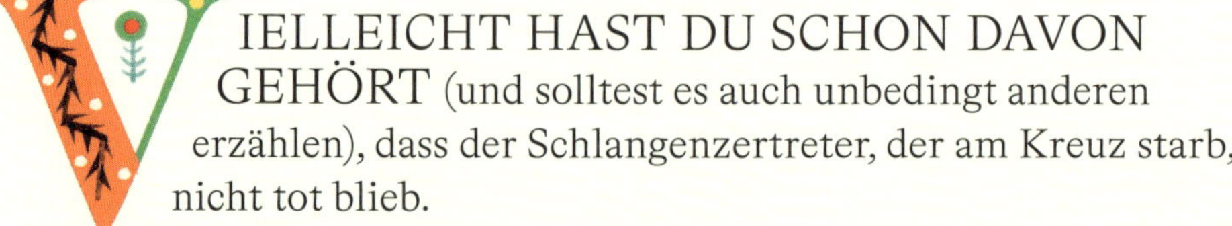

VIELLEICHT HAST DU SCHON DAVON GEHÖRT (und solltest es auch unbedingt anderen erzählen), dass der Schlangenzertreter, der am Kreuz starb, nicht tot blieb.

Er konnte nicht tot bleiben.

Der Tod hatte kein Anrecht auf ihn.

Der Teufel konnte ihn nicht anklagen.

Und die Sünde hatte keine Forderungen, die er nicht bezahlen konnte.

Jesus *konnte* einfach nicht tot bleiben, und Gott ließ ihn nicht im Grab verwesen. Und so erweckte Gott ihn am dritten Tag von den Toten.

ER IST
AUFERSTANDEN!

Viele Leute sahen ihn, aßen mit ihm und erzählten ihren Freunden, dass er wirklich lebte.

Vierzig Tage später ließ Gott ihn in den Himmel auffahren
und gab ihm den Ehrenplatz an seiner rechten Seite.

Und weißt du, was der Schlangenzertreter dann tat?

Weil seine Aufgabe vollendet war, setzte er sich. Und Gott gab ihm einen Namen, der besser ist als alle anderen Namen, damit der Name Jesus alles und jeden singen und rufen und anbeten lässt.

Und dann, um alles noch besser zu machen und noch mehr Versprechen einzulösen, schickten Gott, der Vater, und Gott, der Sohn, das beste Geschenk aller Zeiten auf die Erde.

Sie schenkten den Heiligen Geist. Und durch den Geist können wir immer Kraft und Frieden und die Gegenwart von Jesus erleben.

DU HAST BESTIMMT SCHON BEMERKT, dass dies eine große Geschichte ist. Tatsächlich ist es die größte und beste Geschichte.

Für einige von uns ist diese Geschichte ziemlich bekannt. Für uns alle ist sie wahr. Aber wir kennen das Ende der Geschichte nicht – noch nicht.

Wir leben am Anfang des Endes dieser Geschichte, in der wir mittendrin sind. Wir wissen, dass es noch nicht das Ende ist, weil wir noch nicht zurück im Garten sind.

Hier und da erhaschen wir einen kleinen Blick auf den Garten – in unseren Herzen, in unseren Familien, in der Gemeinde. Aber alle, die diese Geschichte lieben, können es kaum erwarten, den Einen zu sehen, der im Mittelpunkt der Geschichte steht.

Der Schlangenzertreter kommt wieder, um allem Bösen ein Ende zu machen und jede Träne abzuwischen. Er kommt, um einen Neuanfang zu schenken und zu beenden, was er angefangen hat. Er kommt, um uns das Zuhause zu geben, das wir früher einmal hatten und das wir fast vergessen hätten.

Warte also weiter auf ihn. Glaub weiter an ihn. Vertrau weiter darauf, dass die Geschichte noch nicht zu Ende ist. Gottes Versprechen werden nie gebrochen und der versprochene Retter enttäuscht uns nie.

Eines Tages werden wir ihn sehen. Eines Tages werden wir bei ihm sein. Eines Tages wird es nur noch allerbeste Tage geben – Tag für Tag für Tag für Tag.

Und für immer und ewig wird es einfach wunderbar sein, als Gottes Kinder in Gottes wunderbarer Welt zu leben.